AF282878

MIGUEL ÁNGEL GÜEMES PÉREZ

penúltimo verso

"me rindo"

© Miguel Ángel Güemes Pérez

© Editorial La Rueca

www.editoriallarueca.com

ISBN: 979-13-87525-53-8

Depósito Legal: M-18383-2025

La reproducción total o parcial de este libro no autorizada, vulnera los derechos reservados.

Impreso en Madrid - España - UNIÓN EUROPEA

Quizás he escrito todas las palabras,
las más hermosas, quizás las más bellas
que, nunca, nadie, jamás te escribiera;
y aún, qué no diera por susurrártelas,
rozando esa tu piel de cera entera,
y que tú, pudieras sentirte en ellas
como la más bonita de la Tierra.

ÌNDICE

"ME RINDO"

Me rindo...
como se rinden las banderas,
pisadas y de sangre llenas;

me rindo...
como se rinde una vela,
en mitad de una tormenta;

me rindo...
como se rinde, vencido,
el corazón sin latidos;

como el tiritar al frío,
como el amor al olvido,
como el barco al mar bravío,
como el juicio al sin sentido;

me rindo...
como a la muerte maldita
se rendirá mi vida algún día;
mas ésta... ¿no era infinita?

"CONSUELO"

No tengo en mi memoria ni un beso,
nada de sus manos entre mis dedos,
de aquellas que quise y no me quisieron;

ni sus pasos con los míos al tiempo,
ni un susurro de sus labios perpetuos
diciéndome... "¡ay amor cuánto quiero!";

pero tengo grabadas sus miradas,
que lograron que mis sueños soñaran...
que no era yo, que era otro al que miraban.

"AUDIO ENÉSIMO""""

Tu voz nunca se agota,
sigue durmiendo las penas,
sigue calmando las horas,
sigue trayendo quimeras;
el día que no la tenga
¿quién clareará las sombras?

"INÚTIL"

Inútil pensar
y ahuyentar la verdad,
estéril cavilar,
recordar, intentar
por siempre olvidar;
imposible
no dejarse engañar.

"ESTADO"

Anhelar las incertezas
y soñar que sean ciertas;

desear lo que se sueña
y creer en las esperas;

inventar las falsedades
y creer que son verdades;

prendarse, sin darse cuenta
que el amor es incerteza.

"TE PERDERÉ"

Te perderé como se pierde la vida,
sin saber, ni dónde, ni el cómo, ni el día;

como pierde el ciego la luz que olvida,
como susurro que se funde en la brisa,
como gota que se agota en la lluvia,
como cauce confundido en la orilla,
como lugar donde el mar entra en la ría;

y un día, olvidaré tu mirada en la mía
y ya no sabré, nunca, qué fue de la vida.

"IMPOSIBLE"

Que aquello que es imposible, suceda,
que antes que me vaya, alguien me quiera;

que el eje de la Tierra no se mueva,
que el infierno ante el cielo retroceda;

que el río hacia la montaña se mueva,
que el Sol se apague antes que mi amor muera;

que el aire circule a donde yo quiera,
y le susurre "¡ay amor!" al llegar a ella;

que reine la calma en medio de la selva
y los débiles venzan a las fieras;
que el dolor del amor a nadie duela
y el tormento, en éxtasis se convierta;

que el miedo de este mundo desaparezca;
que cuando yo pase, hacia mí se vuelva,
y nuestras miradas, sean eternas.

¿DE VERDAD... DE VERDAD QUIERES?

¿Quieres que se pare la Tierra
en mitad de la noche incierta?

¿quieres que no pasen las horas
si no vuelvo a estar cerca de ella?

¿quieres que ya nunca coma
y que, en vigilia, enloquezca;
y me pierda entre su sombra
y su imagen dulce y tierna?

¿quieres que me cubra la tierra
bajo el ansia y la zozobra?

¿Quieres que ya no duerma?

¿quieres que de amor muera?

¿De verdad quieres que vuelva a verla?

"ESCRIBIR EN LA ARENA"

Me habrás borrado, como la marea
borra, aquello que está escrito en la arena,
mas, como Luna que atrae a la Tierra,
mis palabras a tu arena regresan;
si tú fueras mi Luna, y yo tu Tierra
y durara hasta el fin de la existencia...

"¿CÓMO....?

¿Cómo atrapar ese sueño,
ese sueño que es de verdad?
¿Cómo revivir ese momento
que no volverá nunca a pasar?
¿Cómo robar unos ojos
para siempre siempre jamás
y poderlos siempre mirar?

"¿DE VERDAD QUE SOMOS DEL 54?"

¿De verdad que somos del mismo año?
¿de piedras, de ortigas, de prados?
¿de cigarras, de moras, de charcos?
¿de amores y bailes en prados?
¿de verdad que somos de amores
que nunca, jamás olvidamos
cuando teníamos, doce, trece años,
retumbando el pecho al pasar a su lado?

"EN MI SETENTA CUMPLEAÑOS"

Septiembre, siempre Septiembre,
siempre me gustó tenerlo
¿por qué ya lo echo de menos
si todavía lo tengo?;

Septiembre, siempre Septiembre,
cuando la luz se está yendo
y las noches van creciendo,
cuando lo añorado en verano
él te lo traía de nuevo;

Septiembre, siempre Septiembre,
cuando era joven y tierno,
dudando de seguir yendo...
"el año que viene te dejo",
al recordar el esfuerzo
de no acabar en suspenso;

Septiembre, siempre Septiembre,
esperando el día entero
sus palabras al teléfono,
"niño, feliz cumpleaños",
y la memoria, añorando
aquella la vida a su lado;

Septiembre, siempre Septiembre,
aquel día, aún verano,
viva imagen del deseo,
su cuerpo terso, anudado
aún a mi pensamiento,
lo que diera por tenerlo
ante mis ojos de nuevo,
poder volver a soñarlo
hasta poder quedar ciego.

Septiembre, siempre Septiembre
que fue un ocho de septiembre,
cuando la Virgen del Puerto,
cuando fue el primer beso,
ése que no está en el recuerdo,
ése que siempre queremos
mas... ¡si volviera de nuevo!
y así vivir los recuerdos.

"ERES"

Eres ese silencio
que muda en mi en hastío,
y traspasa, y se hace el frío;
y me quiero volver niño
y sentir aquel cariño,
que, en regazo, era abrigo,
sin tener aún sentido.

Y lo nuestro volver a vivirlo,
hasta cruzar los caminos.

"NO, NO LO DIGAS"

No digas que algún día te dije
que quise morir por ser tu oído;
que quise fenecer en tus rizos;
que adoré el ángulo de tu efigie;
que soñé con sentir los latidos
de esos labios, besando a los míos.

"CADA TARDE"

Aún moriría por escucharte
y al estar muriendo, poder mirarte;
mataría, porque al llegar la tarde
pudiera, junto a ti, poder sentarme
y hablarnos como si no hubiera nadie,
sólo las piedras blancas, tú y yo, y el aire,
ése, por el que suspiro a la tarde
y, al entrar en mí, tu existencia trae.

29

"INCERTEZA"

Habrás jurado no volverme a hablar,
como el niño no volver a pecar;
lo habrás prometido, cual pecador,
hincado, avergonzado ante su Dios;
y negado como Pedro negó
que, en la noche, el día se confundió,
y nada de lo que pienso pasó.

"A VECES..."

A veces...
quiero, otra vez de nuevo, escuchar tu voz
y así, no sentir que el tiempo la llevó ;

a veces...
quiero, y leo tu pulcro pensamiento,
escrito en letras blancas, indelebles,
e invento y fabulo y hasta me creo
que aquellas mías, también tú las lees;

a veces...
quiero creer, que todo ha sido un sueño,
y que volverá a ser lo que aún quiero.

"CALMA, FRESCO A LA MAÑANA"

Pero, no puedes impedir, que el aire
de cada mañana, hasta a mí te traiga;
no puedes prohibir que mi pensamiento
se pose en ti, buscando aquella calma
de esos tus ojos, cuando me miraban.

"AHORA, EN LA NOCHE, ERES EL PENSAMIENTO"

Te preciso como el hambre al hambriento,
como la sed necesita al sediento,
como la oscuridad cuida el silencio,
como la cárcel asiste el prisionero,
como la calma abandona al enfermo,
como el aire se abandona al viento,
como la vida acaba en cementerio.

Y al no encontrarte, muero y desfallezco,
como una gota que no llega al suelo
y entonces... ¿para qué nos sirve el cielo?

"POST AUDIO"

Y ahora me dejas huérfano,
sin esperanza en la espera,
sin cambada en las palabras,
sin atajos, sin quimeras,
sin nada entre mi alma enferma
y lo que está pasando afuera;
es, como nadar en la mar eterna,
y bracear y bracear...
y estar en el mismo lugar.

"MONOTONÍA"

Cómo mirar sin fondo de retina,
cómo hablar sin sentir cuerda que vibra,
cómo comer siempre comida insípida,
cómo olvidar, sin saber qué se olvida,
cómo vivir sin sentir que aún viva.

Esperar, sin tener espera,
mirar, siempre con mirada hueca,
escuchar, y todo suene a ausencia,
vivir, sin ya tener quimeras,
y escribir, sin que nadie lea.

"AUDIO"

Tú me llamas y yo me vuelvo,
como la mirada al recuerdo,
como ese alma que busca el cielo,
como el aire se vuelve al viento,
como el hambre busca el sustento,
como la esperanza en el sueño.

Tú me llamas y yo me vuelvo,
como enfermo busco consuelo
y me engaño, como ese ciego
que espera ver, la luz de nuevo.

"SI TÚ..."

Si tú, pudieras llamarme,
y así ahuyentarme la pena;
decirme qué es de tu vida,
y así, añorar tu pupila,
verdeada y cristalina;
contarme cómo te encuentras
y así recordar tu sonrisa;
contarme qué es lo que llevas,
desabotonar tu camisa negra,
e imaginarme tu piel de cera,
bronceada, límpida y tersa.

Si tú pudieras llamarme
y así escuchar a la vida,
ésa que soñé vivirla,
aunque nunca fuera mía.

"AQUELLA NOCHE"

Me dijiste aquella noche
"yo, por mí, hubiera vuelto
e ir juntos por el sendero";
siempre lo recuerdo y elucubro...
cómo no soñar con perderme
entre tus pasos y mis sueños,
entre tu silencio y mis recuerdos.
Yo, aún imagino un beso,
largo, suave, hermoso y eterno.

"OJEANDO"

A veces quiero escucharte otra vez
y ahí estás, tú, eterna, yo, pasajero
efímero, de ese tiempo acabado,
queriendo que tú me hablases de nuevo
diciéndome "dame un toque cuando llegues",
y yo pensando" ¿será que ella me quiere?"
A veces quiero engañarme pensando
que tú, aún, ahí me estás esperando.

"COMO AQUELLAS NOCHES..."

Porque, como tú, no duerme,
qué suerte tiene esta noche,
siendo oscura, puede verte,
y sigilosa, aprenderte
cuando al compás, tú te mueves,
al son de esa voz de ojos verdes,
y posarse en ellos cuando ella desee,
sin temor a miradas rastreadoras
que acechen y que molesten;
¡ay! si yo fuera tu noche
y tú fueras mi relente.

"NO..."

No me escribas que luego me muero;
no me hables que al oírte fenezco;
no me mires que al recordarte sueño...
muero, fallezco, sueño, cuando pienso
que, algún día, estuve entre tus sueños.

"LEYENDO EL RECUERDO"

En esta tarde que está ya cayendo,
y mientras paso las hojas que leo,
con la calma que dominó aquel tiempo,
mi memoria se vuelve y te recuerdo
entre bancos, árboles, prado y juegos,
concentrada en lo que estabas leyendo,
con la luz ensortijada en tu pelo,
y el aire, ceñido a tus muslos prietos,
adivinados bajo tus vaqueros;
tú, solitaria, yo, absorto en tu cuerpo;
tú, levantabas la vista y era el cielo;
sonreías, me hablabas y era el sueño.

"LOCURA"

Tú creerás que estoy enfermo,
que deliro, que me obceco,
que malvivo, que estoy ciego,
que deambulo al momento
y trastorno el pensamiento,
que desvarío y enloquezco,
que ya no vivo, que es un sueño,
que es todo falso, que es incierto,
pero... tus ojos son tan bellos,
tan dulces, calmos y serenos,
y el son de tu voz, tan etéreo,
que hasta rendiría al infierno.

"MARTILLEO"

Cada minuto, cada hora,
tu existencia se refleja;
¿cómo hacer que se detenga
y quedar contigo a solas,
que en mi mente permanezcas,
suspendida en mi memoria?

"SONIDOS DEL MÓVIL"

Con cada sonido que interrumpe el aire,
yo, me creo que tú estás en la otra parte,
y aunque sé, que es más fácil que muera de hambre,
que tus palabras se vuelvan a mirarme,
en el aleteo débil de esa diástole
que hace que, aún circule, lenta, mi sangre,
una y otra vez, siempre espero encontrarte.

"QUIZÁS"

Quizás duerma, con las manos
palma a palma bajo su cara,
y le espere ansiosa el alba;
quizás la noche la envuelva
y dibuje su silueta,
y quizás quiera acariciarla
desde su cara a las caderas;
quizás la espere la mañana,
que le dé la vida alumbrándola.

"POCO A POCO"

Poco a poco, como esa mar que ocupa
lo que seis horas antes era playa,
y, sin piedad, bajo el agua queda oculta,
te adueñaste de eso que se llama alma;
ya para siempre prendida a tu marea,
tú, la luna que enamora,
yo, la arena enamorada,
presa de ella a las seis horas.

"TE ESPERARÉ UN AÑO"

Te esperaré, aunque tarde más de un año
en oír esa voz al otro lado,
y cuando haya acabado,
no sepa qué ha pasado;

te esperaré, como espero en invierno
que el calor me envuelva lento,
y a su abrigo, la calma me entre dentro;

te esperaré, como estando hambriento,
tus ojos calmos, serenos,
colmaban mi alma entera de sueños;

te esperaré, como cuando enamorado
de aquel amor joven, lánguido,
retumbaba el pecho al pasar a su lado;

te esperaré, como el incurable enfermo
espera, que el sufrimiento
pare, cuando el alma abandone el cuerpo.

te esperaré, como al agua el sediento,
como el día cálido espera al viento,
como espera el amor todos los besos,
como espera la memoria, al recuerdo
de aquellos días, que serán eternos.

"IMPOSIBLE"

Antes podrá salir el sol de noche,
o podrá abrirse la Tierra en mitades
y, quizá, el sur acabe siendo el norte;
antes dominará el hombre los mares,
tornará el desaliento en ilusiones,
o la magia cambiará mis verdades;
sobreviviré, cual ceniza incandescente,
antes de que olvide aquella voz susurrante,
aquellos ojos verdes refulgentes
o sus pómulos dibujando el aire;
antes parará en mi pecho la sangre,
que olvide esas palabras ondulantes,
que endulzaban aquella vida de antes.

"ANOCHE TUVE UN SUEÑO"

Como una cavidad en el pecho,
y ahondar el aire muy adentro
como si faltara algo en el cuerpo;

como intentar recordar recuerdos,
y que se nuble el pensamiento
al revivir el besar tu pelo;

hoy has aparecido en mis sueños,
hoy, cada latido, de ti preso.

"IGUAL..."

Cuando todo esto se acabe,
y haya penas, y haya lágrimas,
y de este cuerpo marche el alma,
ésa que no ha visto nadie,
y quizás, se vaya al aire
y vuele, hasta su morada,
e igual pueda, seguir mirándola.

¿QUÉ QUIERES QUE TE DIGA?

(Podría escribirte y contarte cosas
de esta vida, de aquello que me toca,
y la siento cada día más sola;
y aunque, tú, nunca me respondieras
ni me contaras nada de tus días...
quisiera tanto oírlo de tu boca;
además, seguro que ya estarás
dormida, entre tu media sonrisa
y tu almohada, suavemente hundida
¿con tus manos entre las rodillas?
¿o con las palmas acariciando tus mejillas?)

¿y qué quieres que te diga?

¿Qué quieres que te diga?
que vivo cada día,
pendiente de tu vida,
sin saber nada de ella,
ni encontrar nada en la mía.

¿Qué quieres que te diga?
que no hay esperanza falsa,
que la vida es la esperanza
de escucharte cada día:
ni morir la mataría.

¿Qué quieres que te diga?
que ya nunca tengo calma,
que ni siento ya la herida
y maldigo cada día,
que me ahoga la zozobra
al ver, que mi vida es otra
que la tuya, lejos de la mía.

"LEYENDO"

Las páginas pasan tan lentas...
como el amor ante una cuesta...
tú, cruzándote en cada letra,
yo, cayendo en cada cuneta;
tú, presente en cada idea,
yo, enredado en tu existencia.

"ULT. VEZ AYER A LAS 20:26"

Hay tanto silencio y ausencia en esas horas,
ésas que busco, indagando entre las sombras;
ésas, que nada sabré por sus aromas;
ésas, que no ocuparán en su memoria;
ésas, que quisiera estar con ella a solas
y consumirlas, enredado en su boca.

"TIENES QUE HACERTE A LA IDEA"

-Me grita alto la cabeza-
¿que nunca más vaya a verla?
¿que nunca más piense en ella?
¿que borre una a una sus huellas?
¿que en mi memoria se pierda
o que pierda la memoria?

"SUPERVIVENCIA"

¿Acepta la presa ser apresada?
no, y corre y lucha y se desespera,
cuando le hincan en su cuerpo las garras,
que la aprisionan, hasta que no pueda
sentir la vida corriendo en sus venas.
Así lucho por sentir aún la vida
que, sin ella, percibo, que, de mí, está huida
y zozobro, al saber que está perdida.

"OYENDO CARTAS AMARILLAS"

Busco entre tus palabras el consuelo,
imposible juntar la tierra y el cielo,
imposible que la Tierra,
se detenga sólo un momento,
y que vuelvan las horas, los días
que te miraba, alelado, furtivamente;
cuanto más soy consciente de no verte,
más te recuerdo, y más te anhelo
y más te pienso cada día;
¿acaso el que queda ciego
no recuerda la luz del día
y no la desea por ello?

"CARCOMA"

Su silencio hace las horas tan lentas,
las hace eternas, infierno en la tierra,
como carcoma, que por dentro ahueca,
y emerge, como trueno en la tormenta,
y mortifica, y golpea sordo, con fuerza...
"aquellos nervios al quedar con ella,
aquellos días sorbiendo la vida
reflejada en sus verdes pupilas,
sin saber que ya nunca volverían"

"AL INICIO"

¿cómo será mirar sus manos?
¿cómo fijarse en sus labios?
¿cómo acompasar su encanto?
¿cómo reírse a su lado?
¿cómo moverse su pelo?
¿cómo encandilar sus pasos?

"JAMÁS"

Nunca me dirás
lo que aún quiero escuchar,
susurrándomelo en
mis oídos, al temblor
de esos labios, que
nunca aprenderé su sabor,
de esos pómulos, que
siempre soñó mi sinrazón,
de esos ojos, que
aún profeso su fulgor,
de esa voz, que
aún suspiro con su son

62

"PEREZA"

Perderé el ansia, como se pierde el agua
entre las grietas y la arena mojada
y me embargarán las horas, de esa calma
de la desgana del ¿para qué hacer nada?

"ÚLTIMA VEZ"

Te busco y veo...
"última vez...
ayer, a las diez y diez"
o "ayer a las cero y tres";
estás tan lejos
y tan adentro
del pensamiento;
todo es tan largo
y va tan lento,
y van tan rápido
el fin del tiempo;
y duele tanto
ese silencio
que no fenece,
que ya es eterno
y escarba dentro,
y ya no siento
ningún deseo;
todo es tan largo
y va tan lento,
y es tan liviano...
que ni lo siento.

"AÚN"

Aún puedo quererte
como quiere el desierto
ser vergel cuando amanece,;
y soñarte despierto,
como sueña el prisionero
ser libre cuando oscurece;
y creer que, aquel tiempo
que añoro en cada aliento,
al alba volverá de nuevo;
puedo creer lo que no creo,
que lo falso aún sea cierto,
puedo inventarme los besos
que mis labios nunca tuvieron.

"¿CÓMO...?"

¿Cómo seguir con esta vida
que el mundo dice que es la mía?

¿cómo... sin besos ni caricias,
ni la calma de su pupila?

¿cómo... sin un susurro, ni un te quiero,
ni anhelos que aparecen sólo en sueños?

¿cómo... sin ansias, sin esperas,
sin un amor entre las venas?

¿cómo... sin quimeras día a día,
sin esperanza de otra vida?

"SIEMPRE QUIZÁS..."

Quizás fuera, el son de las palabras;
quizás fueran, los metros de distancia;
quizá fuera, el aire de la tarde;
quizás fuera, que esperaba alguien;
quizás, la memoria aún no olvidada,
quizás las fuerzas, quizás las ganas,
quizás fuera, la fuerza cotidiana,
quizás fuera la ausencia de miradas.

Siempre quizás, la incerteza de esperar
aquello que ya nunca volverá a pasar...
pasar cerca de ella y empezar a temblar.

"SÓLO LA VOZ"

¿a qué me recuerda tu voz?
No puedo interpretar su son.

Es oscura y es templada,
es pausada y sosegada,
quizás pueda sonreírla
y tranquilice a la mía;
quizás venza mi rutina
y me olvide de los días
que se ocultan tras las risas.

"FIEBRE"

Añoro aquella paz,
añoro aquel sosiego,
añoro el despertar,
añoro al calor, dormitar,
tras la noche delirando
con el sueño húmedo y trastornado,
entre sudores aún no enfriados,
y más de mil vueltas empapado,
bajo aquellas sábanas, a salvo;

al calor de quien nunca me ha cuidado,
al calor de alguien a su cuidado.

¿QUÉ SENTIR QUE AÚN NO HAYA SENTIDO?

¿aquel temblor, aquellos latidos,
aquel corazón salir del sitio
a un metro de mi amor primerizo?
¿aquel deseo, entre labios y besos
querer acariciar un cuerpo entero,
y entre jadeos, apagar el fuego?

¿aquel sueño de acompasar los pasos,
de esperar ansiado, el rozar sus labios
y al buscar sus ojos, morir mirándolos?

Y esto último, es, por lo que aún suspiro.

"INTERMITENTE"

Desapareces
como arena en la marea,
que a las seis horas regresa;
y como si no existieras
parece noche perpetua;
mas vuelves con la marea
sin que mi razón lo sepa.

"ATARDECER"

Cuando la tarde termina
y la noche se avecina,
y escucho romper la lluvia
entre cristales que no brillan;
y estoy entre historias leídas
o de otras que no serán mías,
mas abrigan ésa que es mía;
pienso en la calma de tu pupila,
y esa calma, colma aún mi vida.

¡AY MAMA!

Eran tus mejillones,
era tu ensaladilla,
eran tus caracoles,
eran todas tus tortillas
las de cebolla, y la mía,
era tu asadurilla,
era tu sopa tan rica
y ¡ay! aquella leche frita,
tus albóndigas, tus croquetas
y almejas a la marinera,
tu bacalao a la vizcaína;
eran los aromas de tu cocina,
que nos regalaron la vida.
Yo, aún espero repetirla,
volver y volver a vivirla
hasta que se agote la vida.

"¡AY... LA VIDA!"

Hoy he vuelto donde solía,
a ver a la que quise un día;
y hoy, he añorado aquellos días
pendiente, de cuándo venía,
pendiente, de cuándo salía,
y de si al marchar la veía
y cómo el pecho se encogía;
pendiente siempre de oírla,
de acompasar nuestros pasos
y de frente poder encontrarnos,
de si su mirada era vacía,
o con ella, me daba la vida.

74

"AQUELLA NOCHE, MALDITA, ADORABLE QUE ENCENDIÓ UNA LLAMA TAN ADENTRO"

Cuando estaba besando tu pelo,
enredado entre mis pensamientos
("¿cómo hacer de aquel momento
que no pasara, que fuera eterno?")
¿por qué no me apreté a tu cuerpo,
si estabas allí y no era un sueño?

"UNA TARDE"

Está la tarde tranquila,
lenta, fría, muda, ausente,
como ese silencio que hiere,
que torna inerte mi vida,
que no vive, que no siente
dolor, en la infecta herida,
que nació al no verte más
y no poder olvidar.

"TUS OJOS"

Luz del sol abrasador,
no se me olvidan tus ojos,
buscándolos con temor
y al mirarte con fervor,
nadie viera mi pasión.

no se me olvidan tus pómulos
con tus rizos adornándolos,
bajando a tus labios sinuosos,
y yo, con temor al observarlos.

Y así, no sentir el desamparo
de mi tiempo, siempre pasado.

"REENCUENTRO"

Aunque siento el puñal clavado,
aún hoy, no hubiera marchado,
preso de su ser encantado,
escuchándola anonadado,
mirándola sin descanso
y esperar andar a su lado
y acompasar nuestros pasos...
ella, deseando acabarlos,
yo, soñando jamás dejarlos.

"TUS HORAS"

Están escritas tus horas,
entre huecos de ese silencio
que mata cada recuerdo,
que aún queda, en la memoria,
de mis sueños, ya eternos.
Yo, ausente, aún las quiero
y ellas, frías cual hielo,
se alejan en silencio.

"NEFERTITI"

Cómo olvidar su pupila
envuelta en sus ojos glaucos;
cómo olvidar sus pómulos
y nunca poder rozarlos;
cómo no escuchar sus labios
y no dormir escuchándolos.
Y no soñar con besarlos.

"¡CUÁNTO...!"

Cuando leo tus palabras
resucita la esperanza,
reaparece, y se agranda,
y creo poder tocarla;
y ese verdor de esmeralda
vuelve a darme esa calma,
que es la vida cuando pasa
y no sabes que se acaba.

"VINO"

Rojo, como la sangre
ausente de mis venas,
tinto de pasión,
que no rozas corazón,
huérfano de aquel temblor,
penetra adentro adentro,
destruye huella a huella
y quema todas mis penas,
de nunca más poder verla.

"AÑO NUEVO"

¿Para qué querer vivir otro año?

¿Para penar por unos ojos glaucos
y perecer en volver a encontrarlos?
¿Para apartar su pelo rizado
y posarme en su cuello soñado?
¿Para envidiar a ese aire respirado
que penetra rozando sus labios?
¿Para recordar su silueta en un banco
y querer ser las letras del relato?
¿Para poder dormirme escuchando
el arrullo de su son embelesado?
¿Para suspirar de ese tiempo pasado
de quien quiere volver a su lado?

¿Para soñar? Ya tardas Nuevo Año.

"REYES MAGOS"(8)

Si fuese Rey Mago
mataría la distancia,
ésa, que me robó tu mirada
y me tortura y maltrata,
y así, poder volver a encontrármela;

si fuese Rey Mago
eternizaría mi memoria,
la incrustaría entre aquellos días
de nuestros encuentros con sonrisas
y que te hicieron la más bonita;

si fuese Rey Mago
retrocedería a aquel tiempo,
que no acabase nunca, en la vida,
cuando coincidieron la tuya y la mía.

"QUIZÁS..."

Quizás haya olvidado aquella vida
que brotó, sin saberlo, día a día,
de la mirada verde más bonita,
que nació, sin quererlo, entre sonrisas,
entre lamentos, entre los recuerdos,
entre deseos de verla de nuevo,
entre encuentros como no queriéndolos
pero, buscándolos con desespero.
Y morir al caer cada tarde,
queriendo volver a verla entre sueños

"NAVIDAD"(12)

No me digas nunca Navidad
que ella jamás volverá a pasar;

que no hay callejo trayendo miedo
y yo, corriendo, dejarlo atrás;

que no siento el frío al esperar
aquellas cenas de Navidad
-de sorber caracoles sin final-
leyendo comics de mi Capitán
Trueno, de su Singrid y de Goliath;

ni veo el vaho sólo en el cristal,
lejano, húmedo, solo, sin piedad
y querer seguir la noche despierto
y creer verlos en la oscuridad
y escuchar el crujir de sus camellos,
con rifles y pistolas de vaqueros;

no me digas nunca Navidad,
tú, dime Feliz Año, sin más...
¿o crees que volverá a pasar?

(Yo, espero repetir otra vez la vida,
y, me vuelva a tocar la misma.)

PD

(Te recuerdo Navidad
cuando eras larga y eras blanca,
pura, sin marcas, sin huellas
que acabaran con la inocencia
de aquel muchacho, que te esperaba
año tras año y que buscaba,
que fueras como la pasada.

"SÓLO… "

Sólo me queda la noche,
cuando la esperanza te trae
y entre mis letras te esparce;
sólo me quedan las tardes,
que regresan con tu parque
y aquellas ansias buscándote;
sólo me queda el recuerdo,
de esos ojos verdes, destellantes,
y el no saber ya nunca más, qué hacen.

"CALLEJO"

Hasta esta memoria perdida
ha vuelto el frío en las bombillas,
de entre el aire amarillento
y el silencio de mi callejo,
roto, al son de la gravilla
por mis carreras infinitas,
rápidas, como el miedo
a volver atrás la vista,
de aquel miedo irredento,
de un día y de otro día,
sin mi inocencia perdida.

"MALENA"

Tus muñecas, carricoches,
miniaturas de salones,
tus dibujos, tus colores,
las ropitas de tus barbys,
cacharritos de tus Nancys...
la imagen de tus sonrisas,
tu miraba complacida,
martillean y vacían
mi memoria envejecida;

tus juguetes, son heridas
que aún sangran, que no cierran,
que me traen aquellos días
al calor de tu inocencia,
parloteo de muñecas
y el lamento, de aquella vida
que, nunca ya, volveré a vivirla.

"FRÍO"

El frío me ronda afuera,
presagio de espera eterna,
yo, lo ignoro, él me observa,
yo, desisto, él se empeña,
yo, le siento, él me acecha,
yo, me alejo, él se acerca,
yo, no lo quiero, él me sueña.

"NOCHE FRÍA Y LLOVIENDO"

Ahora que la lluvia golpea la noche,
me gustaría saber si tú también la oyes;
cómo de lenta duermes, qué ropa tienes,
cómo colocas tus manos bajo tus sienes;
cómo acaricias la oscuridad tenue,
cómo se mueve el aire, entre aleteos
de ese rostro, para mí ya siempre eterno,
de todas las noches que vengan, el más bello.

"LA POBREZA A PLAZOS"

Me gustaría otra vez
estrenar aquella ropa,
pagada, semana a semana,
con trabajo de tantas horas
en papel estraza apuntadas,
con sus cifras tan costosas
y en filas desordenadas,
que con dedos él sumaba
y yo, presto, multiplicaba;
aquella ropa que estrenaba
cada cincuenta y dos semanas
y que al ponerla, ya ignoraba,
la pobreza que ella ocultaba.

93

"SUEÑOS"

Hundirme en sus labios,
ahogarme entre besos,
soñar con encuentros
muriendo al dejarlos;

me poso en su pecho,
susurro en su pelo,
me enredo en su cuerpo
cogiendo sus manos,
morir contemplando
sus ojos eternos.

"AMOR"

Tú, no me digas nada...
que más le habla el aire
a la sangre dormida,
que engañando esquinas
quiere encontrar vida;

tú, no me digas nada...
que más le habla la sombra
a su eterno dibujo,
que nunca encuentra forma
de apartarse ella sola,
a buscar su destino;

tú, no me digas nada...
que más le habla el agua
a la arena del desierto,
más la piedra al camino,
más el silencio al sonido,
más el olvido al recuerdo,
más el calor al frío,

más el amor al hastío;
tú, no me digas más nada...
que yo, todo te lo he dicho.

"DOMINGO"

Domingo que maltratas,
que la verdad desnudas
y mis fuerzas apagas,
y al empezar cada semana
todo cuesta, y todo alarma,
todo empieza y nada acaba;

domingo que me ahuecas,
me vacías, me enfermas,
que te llevas las fuerzas,
y sin esperanza me dejas...
¿por qué no eres viernes
y me llevas a ella
como un día me llevaras?

"AÚN"

Cuando no me queden más palabras,
cuando la memoria esté olvidada,
cuando anochezca al llegar el alba,
cuando confunda el todo con la nada,
cuando no sepa qué hacer a la mañana,
cuando no encuentre dónde está el alma,
cuando me olvide cómo me hablaba,
aún querré volver a escucharla.

"SUS LABIOS"

Sentir unos labios ahogando
los míos y buscar, sin descanso,
calmar el ansia por encontrarlos:
el sueño de todos los besos calmos,
con los que te has pasado la vida soñando,
y te anhelan, como tú los has anhelado.
Y aún sueñas que te están esperando
y aún te preguntas... ¿a qué sabrán sus labios?

"DIFUSO"

Tú, ya habrás olvidado mi sueño,
como se olvida el invierno
al respirar aire seco,
ese aire cálido del desierto
que a veces del Sahara llega,
que se pega, que te pesa,
que te abrasa, que te quema,
que te consume cual tiempo
que no puedes detenerlo.

Y es todo tan difuso y etéreo,
tan imperpetuo e inefímero
que, para saber si lo invento,
tengo que mirar los recuerdos,
para saber si has existido
o fue un sueño, que, aún, maldigo.

(Y al mirar las palabras del texto,
alguien dice, "no está registrado"
eso que busco sin encontrarlo.)

"AÑORANZA"

¿Dónde estará
tu mirada posada?

¿quién sentirá
de tus ojos la calma?

¿quién penará
de ansia, cuando tú marchas?

¿quién pintará
tus ojos con palabras?

¿quién rozará
con sus dedos tu cara?

¿quién buscará
en tu rostro la causa?

¿cómo alentar
las horas que no acaban?
¿quién soñará
que el tiempo aún no acaba?

"CELOSO"

Celoso
del aire que te toca,
y te rodea sin que lo sepas;
celoso
del viento que te roza
y, al sentir tus formas, se embelesa;
celoso
de allí donde te posas,
que ya no vive cuando te alejas;
celoso
de todas esas horas,
que pueden quedar contigo a solas;
celoso
de todos los suspiros
que, al vivir, salen de tu boca;
celoso
del tiempo que se agota
y que te roba de mi memoria.

"AQUEL PECHO ANSIOSO"

Añoro cómo circulaba
la sangre, alborotada,
y a borbotones, retumbando
bajo mi pecho agitado,
cuando a ella me acercaba,
y no era capaz de mirarla,
yo tan crío y ella tan guapa

aquel amor primerizo,
aquel amor desconocido,
puro, casto y enfermizo,
aquel del lánguido suspiro
y del pecho dolorido,
de encuentros al descuido;
no hubo besos, sólo suspiros
al rozarse nuestros destinos.

(¡qué no diera, por de nuevo sentirlo!)

"¡CUÁNTO... CUÁNDO!"

¿Cuántas vidas durará
ahí arriba el cielo?
¿cuánto tardará en arder
el Sol al completo?
¿cuándo con ella
podrá enterrarme el tiempo?
¿cuándo llegará
a mis labios un beso?
¿cuándo susurrará
el aire un "te quiero"?
¿podrán en mi memoria
eternizarse sus rizos negros,
aquellos ojos verdes de ensueño,
y su voz que trastornaba el seso?

"ENÉSIMO IMPOSIBLE"

Que te obedezcan
los vientos,
que te conteste
el silencio,
que no se sufra
en los infiernos,
que no ennegrezca
nunca más el cielo,
que en ilusión
tornen lamentos,
que se retraigan
aquellos tiempos,
que regresen
todos los besos,
que se acabe todo el tiempo,
al oír su son etéreo
susurrando... ¡cuánto te quiero!

"DORMITANDO"

Que el calor me inunde el cuerpo,
que me traiga paz, sosiego,
que aparezca el dulce recuerdo
de aquel su mirar sereno,
fiel a él, como sombra al ciego,
y que escapa como aquel tiempo;
yo, esclavo; sus ojos, mis dueños;
yo, enfermo; sus ojos, remedio.

"CUATRO LETRAS"

No sé si existes, o eres sólo un nombre,
cuatro letras, sin vida, ausente y vacío;
ya no sé si existes, o si has existido...
tan ausente y lejano está tu nombre...
parece no existir cuando lo miro,
parece un recuerdo que no he vivido
y me creo, que la vida se me ha ido.

"MIRANDO LAS HORAS"

Tus horas son tan lejanas,
desoladas, tan ignotas,
observadas, silenciosas,
ya nunca me dicen nada,
yo las amo y ellas me ignoran,
crueles, como puñalada
que atraviesa lo que conforta;

soy yo un desierto
y tú eres el agua;
soy sólo un fuego
y tú eres la llama;
soy sólo un cuerpo
y tú eres el alma;
soy sólo viento
y tú eres la calma;
soy sólo arena
y tú eres la playa;
tú eres la vida
y yo soy la nada.

"FILA DOS, BUTACA CINCO"

Otra vez lo he visto escrito
"fila dos, butaca cinco";
y he olvidado el olvido
¡cuántos amores perdidos!
y han regresado sus rizos,
mis susurros en su oído,
su rostro angulado, oblicuo,
mis esperas sin destino,
sus pasos, cortos, fingidos,
sus ojos, pardos, infinitos,
sus dedos, tan cerca y tan fríos,
y su puñal de plata blanca,
silencioso, en mi pecho hundido.

"REENCUENTRO"

Aún, hoy, he sentido,
su mirada oblicua,
perdida entre miles de ángulos
de cada esquina infinita,
para perderse entre la nada
y no encontrarse con la mía.

Me ha dolido la distancia,
la ignorancia de mi estancia,
el hielo y aquella angustia,
de ser la insignificancia,
al no encontrar la mirada
que un día paró en la mía,
que volví a buscar con ansia
y que se llevó mi vida.

"PODRÍA"

Podría llorar
hasta acabar todas las lágrimas;
podría inventar
que la voy a ver cada mañana;
podría fabular
que descanso en su mirada;
podría suplicar
al sueño que otra vez la traiga;
podría matar
la memoria hasta olvidarla.

"LEYENDO"

Cuando llega la noche, esperada
porque, aún eres mi agua, entre llamas,
que calma los recuerdos que abrasan;
la aguardo desde que empieza el alba,
como cuerpo inerte buscando alma;
y mientras leo, diez, doce páginas,
tú, cruzas y entre sus letras te alzas,
y sólo espero, que el sueño te traiga,
y revivir la vida, que se acaba.

"FIN"

Cuando te marches de mi lado
ya no tendré más pensamientos,
ni existirán ya los recuerdos,
ni sentiré rozarme el viento;
la tarde, huérfana de lamentos,
la noche, eterna entre los sueños,
la mañana, fría como hielo,
ya, de noche en el cementerio.

"TODAS LAS HISTORIAS"

¿Cuántas salas oscuras?
¿cuántas horas desnudas?
¿qué soñaba, con la vida
que nunca sería mía?
¿qué quería, que no pasaran,
que las horas se eternizaran?
Allí, yo acurrucado, soñaba
que la vida nunca pasara,
que quedara en aquellas pantallas
antes que se clavasen los puñales,
y que la sangre no se derramara,
poco a poco, como si no pasara.

"RECUERDO"

Hoy, mientras revolvía una tortilla,
he recordado aquellas que tú hacías
cuando mama, tarde, a la noche volvía,
las recuerdo gordas, gigantescas;
en aquellas noches ennegrecidas,
la cocina con mesa de formica,
en el techo una luz amarilla
y en el alma, aún toda la vida.

"¿CÓMO SERÁ...?

¿Qué haces a las mañanas
que a mi tanto me faltan?
¿Qué a la tardes cuando callan?
¿Qué el aire cuando exhalas?
¿Qué el pecho cuando se inflama?
¿Qué el silencio cuando hablas?
¿Qué los ojos cuando pasas?
¿Qué el día cuando acaba?
¿Qué el cielo cuando te mira?
¿Qué el amor cuando suspiras?
¿Qué la noche cuando no brillas?
¿Qué la noche cuando no hay día?

"A MI DIRECTOR, ENRIQUE"

De mirada menuda, complaciente,
fija, sin tiempo, inquiriéndote siempre,
esperando tu respuesta, valiente,
y al oírla, golpeaba las manos,
levantándolas al aire y moviéndole...
"ves, ya está... ¿no lo ves? ahí lo tienes";
de manos poderosas, atronando fuerte
el encerado, exigiendo, a las mentes
de sus alumnos, que lo entendiesen;
sin descanso al ánimo, combatiente,
en un pispás cuarenta mil papeles,
y te los traía cuando amanece...
"-¡El Plan de Centro!- ahí lo tienes";
dudaba de todo lo que no se quiere,
acortó distancias entre discentes
y aquellos que querían "aprenderles",
revivió la vida entre las paredes
y volvió el Colegio, a reír por siempre,
reavivó el fuego de nuestras mentes...
se llamaba Enrique, Enrique siempre;

hoy me han llamado "se ha ido Enrique"
y "detrás de n y l, siempre una erre"
Se fue un maestro, de los de siempre.

"INÉS"

Lo que no diera por poder decir,
como hizo aquel Dios de figura humana
"-¡Ahora, levántate Lázaro y anda!-
y que la vida pudiera vivir;
y que pasara esto, y que todo volviera
a ser como el día de anteayer;
y en aquella niña te convirtieras,
princesa heredera, de nombre Inés,
allí, cerca de la entonces mi mesa,
frágil, con pecas, mirada serena,
menuda, afanosa, silenciosa,
guapa, como la vida aún hermosa,
y que volvieras a bailar como las diosas
y los nubarrones desaparecieran
de esta vida cruel que aún nos queda;
vida... ¿por qué maltratas la inocencia?

"INÉS"(2)

Mirando esta última fotografía,
aún, hoy, he encontrado en su mirada
aquella niña, dulce, suave y tímida,
silenciosa, laboriosa como hormiga,
con coleta, en mi primera fila,
a la que quise proteger de la vida
sin saber, que de ella se vengaría...
"menos Inés, todos de rodillas"
Pero... ¿y por qué? todos se decían
"Porque Inés es enchufada mía"

"DESEO"

Me convertiré en aire
cuando ya no lo tenga;
y cruzaré los valles,
y subiré montañas,
y surcaré las aguas
hasta llegar a verla.
Y que su presencia,
sus miradas glaucas
se vuelvan eternas.

"AÚN..."

En el aire se dibujan
tus pómulos ondulantes,
y esos rizos, enredándose
entre tu cuello y el cielo
de esa tu boca de ensueño;

y en mi memoria anhelante
añoro tus ojos, relumbrantes
en el firmamento de mis sueños,
a los que no les importó el tiempo
y se engañaban como farsantes;

y vuelve siempre aquella tarde
rebuscando entre tanta gente,
yo, absorto, ausente, esperándote,
tú, con blusa negra, elegante,
sobre tu piel embelesante,
que siempre espié sin delatarme,
de la que no puedo olvidarme .

"AQUELLA NOCHE"

Aquella noche enloquecida,
que quedó en mí, prendida
en la memoria, haciendo herida,
y que aún no sé cómo fue
y que tanto amé,
como nunca creí querer;
si estabas allí, si te abracé,
como jamás a nadie abracé
¿por qué no besé tus labios
para colmar el sueño que busqué,
creyendo ser otro ser?

"MEMORIA"

¿Acaso la noche no espera el día?

Eres la brasa que el fuego aviva,
lo alimenta, mantiene y eterniza;

pervives entre mi memoria herida,
cruel, enferma, de manera inventada
como el agua dulce que sabe amarga,
al pasar entre el pecho cuando para,
porque tú eres, ese aire que le falta;

acaso ¿ya no es eterna la vida?
¿qué pasó? ¿que ya no hay ni cielo ni alma?

CUANDO...

Cuando ya no tenga nada,
nada en el cuerpo, sin alma,
nada en la memoria guardada,
nada entre el pecho y la garganta,
nada entre noches y mañanas;
y sólo haya polvo, y al llegar el alba,
se elevará, hasta encontrar su mirada.

"CERTEZAS"

¿Qué dura más...
el amor o la ilusión
por encontrarla?

¿Qué dura más...
la vida o el dolor
por no olvidarla?

¿Qué dura más...
la pasión o el sueño
por besarla?

¿Qué dura más...
el olvido o la memoria
al mirarla?

¿Qué dura más...
el infinito infierno
o el fulgor, el recuerdo
de su pupila glauca?

"OLVIDO"

La gente se olvida;
la monotonía
esparce la vida,
y todo es rutina,
las horas vacía
y pasan los días,
costumbres antiguas,
ni inflamas ni esperas,
ni encuentros a tientas,
ni aquel vino a la una,
ni tarde entre piedras
queriendo al marcharse,
que nunca se fueran.
Y cura la herida;
mas vuelven quimeras
y anhelos. Y sueñas.
Y vuelve la herida.
Y duele la vida...
si al menos volviera...
¡aunque sólo un día fuera!

(¡carterín! ¡carterín!
¿hay algo para mí?)

"AMOR AUSENTE"

Añoro
cuando podía mirarte,
sin saber donde posarme;

añoro
el aire cálido de aquellas tardes,
buscándote, sin querer delatarme;

añoro
cuando es ya la una de la tarde
y podía, en tus ojos mirarte;

añoro
llegar los viernes y encontrarte
y sin llegar aún, ya añorarte.

añoro
aquella pena al marcharme,
suplicando al Dios del tiempo,
que las noches fueran tardes,
y que en las tardes parase.

"QUE LA MUERTE LLEGUE"

cuando el Sol se esconde,
cuando ya anochece
y el aire de la tarde
me traiga sus ojos verdes,
límpidos, refulgentes;
y que no me inquiete,
y que no me ronde,
y aparezca de repente,
y que me traicione
cuando no la espere;
que sea dulce y deje
sin pena a quien me quiere.

"MARTILLEO"

Como se pierde la luz al oeste,
cuando el Sol se oculta y esconde
y nadie piensa que nos abandone;
como ese alma impenitente,
que se hinca y reza y arrepiente
ante aquel ser omnipotente,
vuelvo a lo que el infierno me promete:
que el tiempo pasa, que el tiempo no vuelve,
buscando el amor en sus ojos verdes.

"IMPOSSIBLE"

He querido
conjugar "je ne t'écrirai plus"
(ya no te escribiré más),
"je n'ai plus besoin"
(ya no tengo necesidad),
y no he podido;

sí, anoche, decaído,
estaba convencido
de no escribirte más;
mas vino la mañana,
y el aire, como que faltara,
y el vacío, a cada bocanada;
y el elixir de tu mirada glauca,
y tus palabras entrecortadas
que en otro tiempo me mandaras,
a mi memoria llamaban,
y vi que, lo que creía fenecido,
sin esperar al tercer día, resucitaba;

anoche, estaba convencido,
a vivir sin tu recuerdo;
mas, él, me ha vencido
y a él, me he rendido.
¡qué me importa tu silencio,
que escarbe hasta el infinito.

"PUEDO VIVIR"

Puedo vivir de aquel aire,
de aquellos bancos de la tarde,
tú, leyendo, yo observándote,
y esperando que mirases,
y al sonreír, sentir a un ángel;

puedo vivir de aquellas tardes,
esperándote entre tanta gente,
desesperado al no encontrarte,
y, apenas tú llegar, y yo entreverte,
correr y junto a ti esclavizarme;

puedo vivir
de aquellas mañanas buscándote,
y seguirte como el viento al aire,
como el andante sigue al camino,
como el martirio sigue al olvido,
como cualquier río sigue al cauce,
como la vista sigue al paisaje,
como el actor sigue al personaje,
como mi vida sigue, añorándote.